FÉLICIEN DAVID

EN VENTE CHEZ LE MÊME LIBRAIRE

CONFESSIONS
DE MARION DELORME

PAR EUGÈNE DE MIRECOURT

60 livraisons à 25 centimes, avec gravures.
18 fr. l'ouvrage complet par la poste.

Paris. — Typ. de Gaittet et Cie, rue Cît-le-Cœur, 7.

FÉLICIEN DAVID

LES CONTEMPORAINS

FÉLICIEN DAVID

PAR

EUGÈNE DE MIRECOURT

PARIS

GUSTAVE HAVARD, ÉDITEUR

BOULEVARD DE SÉBASTOPOL
rive gauche

L'Auteur et l'Éditeur se réservent tous droits de reproduction

1858

FÉLICIEN DAVID

Puisque vous abordez les musiciens, nous dira-t-on, pourquoi ne débutez-vous pas en chantant la gloire de Meyerbeer et de Rossini ? Est-ce parce que Rossini et Meyerbeer ont assez de gloire ?

Oui, cher lecteur.

Cette raison est excellente ; elle nous dispense d'en chercher une autre.

Du reste, vous ne l'ignorez pas, nous nous réservons le droit de classement, et même le droit de caprice. Lanterne en main, comme Diogène, nous cherchons nos hommes : le premier pris n'est pas toujours le premier pendu à notre galerie.

Quelques visages ont besoin de beaucoup d'étude.

Il y a des originaux qui posent mal ; d'autres ne se montrent que de profil quand nous désirons les peindre de face.

Presque tous font de la coquetterie.

Nous les avons attrapés à mettre du rouge et à dissimuler leurs rides sous une couche de plâtre. Voilà pourquoi certaines ébauches commencées ne s'achèveront que plus tard.

Allez vous laver, nous reprendrons ensuite nos pinceaux.

Félicien David est un de ceux qui ne se fardent pas. En conséquence, nous avons pu très-facilement le saisir.

Occupé sans cesse à écouter les suaves mélodies qui lui arrivent du ciel, il se montre indifférent aux bruits de la terre. Approchez, il ne vous entend pas; braquez sur lui l'appareil photographique, il ne s'aperçoit de rien; retirez l'épreuve, vous avez son portrait exact, une noble tête d'artiste pleine de rêverie et d'inspiration.

Il est né, le 8 mars 1810, à Cadenet, bourg assez considérable du département de Vaucluse.

Son père, qui avait été chercher fortune

en Amérique, perdit, lors des troubles de Saint-Domingue, tout le fruit de ses labeurs, et revint en France plus pauvre qu'il n'était parti.

Orphelin à l'âge de cinq ans, David fut élevé par une de ses sœurs.

Les habitants du bourg de Cadenet se rappellent encore aujourd'hui ce curieux enfant, qui comprenait la musique avant la parole.

David tressaillait de joie dans ses langes quand le son d'un instrument frappait son oreille. Il sut la gamme beaucoup plus tôt que l'alphabet, et les commères du voisinage le comblaient de joujoux et de pralines pour lui faire répéter les romances que sa sœur lui avait apprises.

Il chantait avec une justesse merveilleuse. Partout on s'entretenait du petit prodige.

Quelques amateurs engagèrent sa famille à le présenter à M. Garnier, premier hautbois de l'Opéra, qui se trouvait alors en vacances à Lauris [1].

On suivit ce conseil.

L'habile instrumentiste partagea l'admiration générale, soumit l'enfant à quelques épreuves, reconnut en lui une rare intelligence, et dit à ses parents :

— Il y a une maîtrise à Aix, envoyez-y bien vite étudier ce garçon-là !

Sans plus de retard on prépara le trous-

---

[1] Village du département de Vaucluse.

sceau du jeune virtuose ; il fut conduit dans l'ancienne capitale de la Provence, où le maître de chapelle de l'archevêque le reçut avec empressement au nombre de ses élèves.

Félicien David entrait dans sa huitième année.

Les jours de fête, nombre de curieux venaient à Aix de cinq lieues à la ronde, pour entendre à la cathédrale sa voix éclatante et sympathique. On réservait toujours au petit enfant de chœur des solo qu'il chantait à ravir. Les dévotes pleuraient d'attendrissement et le surnommaient le séraphin.

Au bout de onze mois d'études à la maîtrise, il exécutait des morceaux de violon très-difficiles et tenait sa place au premier pupitre.

M. Marius Roux, son professeur, le surprit, un jour, griffonnant des notes sur du papier rayé.

— Que fais-tu là? demanda-t-il.

— Je compose un motet, répondit l'enfant.

— Mais tu ne sais pas encore les règles de la composition.

— Je tâche de les deviner. C'est fini, voyez s'il y a des fautes.

Le maître de chapelle prit un violon, joua tour à tour les diverses parties du motet; puis, regardant son élève et prenant un ton sévère;

— Pourquoi mentir? lui dit-il. Tu as copié cela quelque part.

— En vérité, non, je vous le jure, répondit Félicien.

Le motet fut exécuté, le dimanche suivant, à la cathédrale, et l'enfant de chœur eut un double triomphe[1].

Il fallut, dans l'intérêt même de son avenir, modérer quelque peu son instinct musical, autrement il eût négligé tout le reste et n'eût rien appris de ce qui est indispensable à l'éducation la plus vulgaire.

Généralement il est d'usage dans les maîtrises, lorsque la voix des élèves com-

---

[1] Il existe encore aujourd'hui à la maîtrise d'Aix une œuvre de quatuor pour instruments à cordes, composée par Félicien David à l'âge de douze ans et demi.

mence à muer, de leur accorder une bourse, afin qu'ils puissent terminer leurs classes dans quelque collége ecclésiastique.

On envoya Félicien chez les jésuites, bien qu'il eût déclaré qu'il ne voulait pas entrer dans les ordres.

Sa franchise ne le priva point du bénéfice de la bourse. Il avait été trop utile pour qu'on crût pouvoir l'abandonner sans ingratitude.

Au collége, toutes les heures qu'il parvenait à dérober aux langues anciennes étaient précieusement consacrées à ses goûts favoris.

L'ancien élève de la maîtrise jouait du violon et de la contre-basse à la chapelle des jésuites. On ne laissait pas de musique à sa disposition ; mais, doué d'une mémoire prodigieuse, il retenait les morceaux exécutés pendant l'office, les notait au lieu de traduire Quinte-Curce ou Tite-Live, et les réorchestrait à sa manière.

Il sortit du collége avec très-peu de grec et de latin dans la mémoire; mais, en revanche, avec une imagination musicale déjà très-féconde.

Ses parents n'avaient pas acquis plus d'aisance. Il dut se résoudre à travailler chez un avoué de la ville. Souvent il lui arrivait, par distraction, de copier ses airs sur la page destinée à un acte de procédure.

Le papier timbré n'avait jamais eu pareil honneur.

Malheureusement les avoués et les huissiers n'entendent rien à l'harmonie.

David quitta la chicane, avec d'autant moins de regret qu'il avait l'espérance d'obtenir l'emploi de maître de chapelle à la maîtrise même où il avait été élevé.

Cette espérance ne fut point illusoire.

L'archevêque accepta ce jeune homme de dix-neuf ans pour diriger la musique de sa cathédrale, et David fit merveille. Au lieu de s'en tenir aux anciens morceaux qui garnissaient les pupitres, il créa des compositions neuves, toujours avec la même ignorance du contre-point.

Une sorte de seconde vue l'illuminait. Son génie devançait la science.

Il se trouvait au courant des plus secrètes rubriques des maîtres sans les avoir apprises, tantôt écrivant un motet à grand orchestre, tantôt composant un hymne avec accompagnement d'orgue.

Tous les dilettanti de la province accouraient l'entendre.

— Il faut aller à Paris, lui disait-on. Vous deviendrez un grand artiste.

— Hélas! répondait Félicien, c'est mon plus vif désir.

N'osant pas ajouter :

— Je suis pauvre, et l'on dépense à Paris beaucoup d'argent.

Mais ce qu'il hésitait à dire, ses amis le

devinaient. Sachant que David avait trop
de dignité pour accepter le produit d'une
collecte, ils s'adressèrent à un de ses on-
cles, le seul personnage de la famille qui
eût quelque fortune, mais en même temps,
comme cela arrive presque toujours, le
plus insensible et le plus dédaigneux quand
il s'agissait de la question d'art.

— Eh! vous me rompez la tête! s'é-
criait-il. Au diable la musique et mon
neveu! N'a-t-il pas huit cents francs d'ho-
noraires à la cathédrale? C'est magnifique.

— Sans doute; mais il veut aller prendre les leçons des maîtres.

— Lui?... Pourquoi faire?... Il en
donne aux autres, par conséquent il n'a
pas besoin d'en recevoir.

C'était concluant.

Impossible de désarçonner le bonhomme quand une fois il se mettait à cheval sur cette belle logique.

On essaya, puisque son entêtement ne pouvait être vaincu par l'argumentation, de le gagner à la cause de David par l'enthousiasme, qui, de sa nature, est épidémique et monte parfois aux cerveaux les plus revêches.

Un concert d'amateurs fut organisé.

L'oncle s'y laissa conduire. On exécuta devant lui plusieurs compositions remarquables de son neveu, entre autres un *O salutaris* à trois voix, avec accompagnement de quatuor, dont les brillantes mesures excitèrent d'unanimes bravos.

Toute la salle vint féliciter l'oncle, qui se laissa décidément attendrir, et dit à Félicien :

— Je te donne cinquante francs par mois, tu peux aller à Paris !

Voilà tout ce que l'enthousiasme put arracher à cette bourse obstinée.

David partit avec ces médiocres ressources, comptant sur la protection du ciel et sur son courage beaucoup plus que sur les cinquante francs de son oncle. Il avait vingt ans, une santé robuste et le pressentiment de sa gloire future. On supporte avec cela bien des vicissitudes et bien des misères.

Cherubini, directeur du Conservatoire, admira le talent du jeune homme.

Il lui ouvrit toute grande la porte des classes.

Félicien étudia l'harmonie sous M. Millot; mais, trouvant que la méthode adoptée par ce maître n'allait pas assez vite au gré de son ardeur, il économisa vingt francs par mois sur sa pension modique et prit des leçons de Réber.

Il lui restait trente francs pour sa nourriture et son loyer.

Certes, on en conviendra, jamais argent n'eut un plus digne emploi. Le courageux élève se privait de tous les plaisirs de son âge. Ses compatriotes écrivaient à Aix et rendaient compte de sa belle conduite. Ils espéraient que l'oncle, flatté de ces renseignements, augmenterait la pension de Félicien; mais ils se trompaient.

Notre Provençal, toujours de première force sur la logique, pensa qu'un jeune homme capable de se tirer d'affaire avec une somme aussi restreinte pouvait vivre avec beaucoup moins encore.

Il ne lui envoya plus rien du tout.

La pension de cinquante francs ne fut servie à David que pendant un semestre.

En vain on essaya de fléchir cet oncle avare. Il serra impitoyablement le cordon de son escarcelle et pleura jusqu'à la fin de ses jours les cent écus que lui avait arrachés un *O salutaris* trop bien rendu par des violons perfides.

Pour comble de malheur, la conscription approchait.

Un numéro fatal pouvait sortir de l'urne

et fermer à tout jamais à Félicien l'entrée de sa carrière; mais la Providence, plus généreuse que son oncle, lui rendit le sort propice.

Il tira le numéro 264.

Quelques leçons de piano lui furent demandées [1] et lui constituèrent un petit revenu, au moyen duquel il put achever ses études au Conservatoire dans la classe de contre-point de M. Fétis et dans la classe d'orgue de M. Benoît.

Ici commence pour Félicien David une existence singulière, pleine d'originalités fantasques et d'accidents imprévus.

La Révolution de 1830 donnait l'essor à

---

[1] Il était d'une certaine force sur cet instrument qu'il avait appris à la maîtrise d'Aix.

ces mille théories échevelées qui montent aux surfaces sociales à l'heure des tempêtes, et le saint-simonisme était dans tout le feu de son premier apostolat.

« Venez à moi, disait-il, vous qui ne possédez rien et vous qui possédez beaucoup ! Nous mettrons en commun la richesse de ceux-ci, la misère de ceux-là, puis nous aviserons à répartir le tout suivant les capacités diverses de chacun. »

Jamais doctrine ne s'était présentée sous une forme plus attrayante.

En ce bas monde, il ne devait plus y avoir ni infortune ni chagrin. Les cieux descendaient sur terre. On allait retrouver l'Éden avec ses joies primitives et son adorable candeur. La femme s'affranchissait

de toutes ses entraves; elle devenait l'égale
de l'homme. Bref, le genre humain se préparait à nager dans un fleuve de béatitude
et d'éternelle ivresse.

Beaucoup de natures sentimentales et
rêveuses, qui n'étaient pas retenues dans
le sentier philosophique par de fortes
études, se laissaient inconsidérément en-
traîner vers ce charlatanisme semi-politique
et semi-religieux.

Félicien David, bien qu'élevé par des
prêtres, n'avait reçu, grâce à ses distrac-
tions musicales, qu'une empreinte fugitive
de la foi chrétienne ; il n'avait pas eu le
temps d'asseoir ses croyances sur une base
bien solide.

Incapable de confondre la clef de sol avec

la clef de fa, il confondait parfaitement les notions théologiques.

À l'exemple de beaucoup d'autres, il regarda Saint-Simon comme un habile chimiste, qui avait analysé l'Évangile pour en tirer la plus sublime des quintessences, et qui, en mourant, avait légué son alambic au père Enfantin.

Donc il s'enrôla sous la bannière de la nouvelle doctrine, et suivit à Ménilmontant la sainte cohorte des apôtres.

Sa conviction était profonde et sincère. Aujourd'hui même elle reste inébranlable.

Cette erreur lui est commune avec nombre d'esprits distingués, dont les arts et la science s'honorent. Il faut en conclure que chez les hommes d'élite le cœur emporte quelquefois la tête.

La génération présente n'a pas assisté au curieux spectacle donné à Paris par les solitaires de Ménilmontant.

Ils étaient là, dans une grande maison située tout en haut de la butte et entourée d'un parc de quatre arpents[1], garni de beaux arbres et de bosquets touffus, véritable Éden en miniature, où ces partisans de la félicité complète sur la terre vivaient au milieu des oiseaux et des fleurs.

[1] Cette maison existe encore. Elle appartenait au père Enfantin. Le propriétaire actuel n'a pas respecté les souvenirs qui s'attachent à l'édifice. Des maçons le bouleversent de la cave au grenier. Quant au parc, il est métamorphosé en une immense carrière de sable. Les saint-simoniens ne se doutaient pas qu'ils avaient bâti là-dessus tout leur système.

Le Christ n'avait que douze apôtres pour répandre sa doctrine : Saint-Simon, mieux partagé que le Christ, en avait quarante.

Ils s'étaient réunis hors barrière pour élaborer le dogme, avant de le faire connaître au monde; ils faisaient vœu de chasteté et gardaient le célibat dans toute sa rigueur, afin de prouver que leurs prédications sur la femme libre n'étaient pas dictées par l'instinct sensuel.

Aucun domestique ne les servait.

Toutes les occupations matérielles ou intellectuelles se distribuaient en partage égal. Ces nobles apôtres faisaient la cuisine, balayaient les chambres et bêchaient le jardin. Chaque exercice était précédé et suivi d'un hymne religieux dont Félicien David avait composé la musique.

Il écrivit à Ménilmontant vingt chœurs admirables, qui tous ont été joués plus tard dans différents concerts[1].

De midi à quatre heures, le dimanche, la foule curieuse était admise à visiter le cénacle. On venait entendre les saint-simoniens chanter; on les regardait manger et boire. Ils n'interrompaient aucun de leurs exercices, et les femmes étaient éprises, sinon de la beauté de la doctrine, du moins de la magnificence des costumes.

[1] La musique de ces chœurs n'a pas été perdue. On y a adapté d'autres paroles; ils font aujourd'hui partie d'une très-belle collection de chœurs à quatre voix d'hommes, qui se publie sous le titre de la *Ruche harmonieuse*.

On avait donné aux frères la petite et la grande tenue.

La première se composait d'une tunique bleue, serrée au corps de l'apôtre, avec son nom brodé sur la poitrine en lettres saillantes. Il portait le pantalon blanc, et se coiffait d'une toque de soie rouge et noire.

Mais c'était surtout la grande tenue qui plongeait ces dames dans le ravissement.

Elle consistait en un costume chevaleresque au grand complet : justaucorps rouge et collant des pieds à la tête; tunique blanche, à manches courtes; bottes molles, évasées, montant jusqu'à mi-jambe, et collier symbolique en acier poli, dont chaque anneau portait le nom d'un frère mort. Par-dessus tout cela, se jetait un large manteau noir, dans lequel on voyait se draper majestueusement l'apôtre, et la toque de soie était remplacée par le béret rouge.

Si les femmes admiraient les saint-simoniens, beaucoup d'hommes ne partageaient pas cette admiration.

Les maris surtout n'approuvaient que médiocrement la doctrine des chastes frères. Quelques banquiers, à leur tour, la trouvaient peu rassurante. On rencontre çà et là bon nombre de personnages qui s'obstinent à ne vouloir mettre en commun ni leur femme ni leur fortune. Les plus égoïstes commencèrent à crier. D'autres plaisantèrent. Tous les vaudevillistes se mirent de la partie, et, chaque soir, les théâtres retentissaient de couplets railleurs contre les saint-simoniens.

Nous nous souvenons d'avoir entendu au Palais-Royal un dithyrambe burlesque, dont nous avons retenu quelques strophes.

On nous permettra de les reproduire pour donner une preuve de la bonté de notre mémoire.

Oh! fuyez les cités; venez à la campagne,
Venez-y savourer le bonheur des élus;
Saint-Simon vous appelle à la sainte montagne [1]
   On y va par les omnibus!

Vous y verrez, vainqueurs des préjugés gothiques,
Vers sa mission noble avançant d'un pas sûr,
L'homme libre, occupé de travaux domestiques,
   Les mains sales et le cœur pur!

[1] La montagne de Ménilmontant. Ces strophes étaient déclamées, autant qu'il nous en souvienne, par Lepeintre aîné, dans une pièce qui avait pour titre la *Fée aux Miettes*.

Car, dans notre maison, chacun avec courage
Se livre sans orgueil aux soins les plus grossiers
C'est un baron qui met la main à l'éclairage
  Et récure les chandeliers!

Un savant avocat, qui d'esprit étincelle,
Écume la marmite, hache les épinards;
Ce sont deux sous-préfets qui lavent la vaisselle;
  Un banquier plume les canards!

Un major de dragons brode et fait les reprises,
Un tendre soprano scie et monte du bois,
Un président de cour savonne nos chemises
  Et met nos faux-cols à l'empois!

Un enfant d'Apollon nous décrotte nos bottes,
Un ancien auditeur a soin de nous brosser;
Un duc et pair cultive oignons, poireaux, carottes,
  Et mène les poules... coucher[1]!!!

---

[1] Les plaisanteries n'ont jamais été des raisons. Il est juste de laisser parler un peu les défenseurs de la religion saint simonienne. Voici une note qui nous est communiquée; le lecteur jugera :

« Au point de vue moral, ils annonçaient que le progrès ne pourrait s'accomplir, s'il ne marchait de front avec l'affranchissement de la femme. Ils la fai-

Mais on pensa que les couplets et les dithyrambes ne suffisaient pas pour combattre les dangers de la nouvelle doctrine. Le gouvernement prit fait et cause pour la société menacée. On cita les apôtres à la barre des tribunaux, et une sentence judiciaire, les déclarant coupables d'attentat à la morale publique, vint dissoudre leur association.

---

saient sortir de l'état de minorité où le plus libéral des codes, le Code Napoléon, la place encore vis-à-vis de l'homme. La femme devenait l'égale de l'homme, ce qui ne voulait pas dire qu'elle dût être, comme lui, marin, astronome, mineur, forgeron; elle était l'égale de l'homme et non *pareille à l'homme*. En un mot, l'individu social n'était plus l'homme seul, il était *l'homme et la femme*. Conséquents avec ce principe, les saint-simoniens ne se croyaient pas qualité pour faire la loi morale à venir, la loi selon laquelle l'homme et la femme seraient unis. Ils se contentaient d'appeler la femme à dire librement son opinion sur ce point; ils pensaient que la perpétuité, l'indissolubilité

Le jugement fut exécuté en 1833.

Depuis cette époque, les nymphes de Ménilmontant pleurent le départ de leurs hôtes. Elles ne s'éveillent plus, avec l'aurore, sous les bosquets de verdure, aux mélodieuses symphonies de Félicien David.

Condamnés par des juges impitoyables, les apôtres descendirent de la sainte montagne.

---

du mariage, ne seraient pas toujours, comme aujourd'hui, une condition essentielle de la moralité et de la sainteté de ce lien. Ils admettaient des natures *mobiles* tirant une puissance, une *moralité* particulière de leur mobilité même. L'heure devait venir où ces natures ne seraient plus réprimées, et mises hors de la société comme elles le sont de nos jours. Ils provoquaient l'avènement d'une règle morale *plus large* qui pût donner également satisfaction à l'une et à l'autre nature, aux *mobiles* aussi bien qu'aux *constants*. Enfin, le saint-simonisme venait réaliser sur terre le règne de la justice et de la vérité, que le Christ réserve seulement à la vie future. »

Ils traversèrent Paris, secouèrent la poudre de leurs souliers aux portes de la ville maudite, et résolurent de se disperser sur toute la surface du globe, afin d'y répandre les bienfaits de leur dogme.

Plusieurs bandes s'organisèrent.

Les unes choisirent le côté du nord, les autres le côté de l'est.

Félicien David, avec Émile Barrot[1], Toché[2] et le sculpteur Alrik, se dirigea vers le sud. Ils firent la route à pied, de Paris à Lyon, et reçurent un accueil triomphal dans les diverses localités qu'ils visitèrent.

[1] Qui fut depuis représentant du peuple.
[2] Élève de l'Institut agronome de Mathieu de Dombasle.

De fervents néophytes accouraient au-devant d'eux lorsqu'ils approchaient d'une ville.

La surprise des voyageurs était grande de trouver toute dressée la table du banquet fraternel.

Émile Barrot, Alrik et Toché se livraient à la prédication au dessert; puis Félicien, allant s'asseoir au piano et parcourant le clavier de ses mains d'apôtre, donnait le prélude des chœurs.

A Lyon l'enthousiasme n'eut plus de bornes. La salle de concerts, où joua David, faillit crouler sous les bravos.

Toutes les dames l'embrassèrent, ce qui

ne laissait pas que d'être fort inquiétant pour un homme soumis au vœu de continence.

Un facteur, nommé Chaban, le força d'accepter un piano de choix. Cet instrument accompagna l'artiste dans le cours de son voyage[1].

Le père Enfantin ne partageait pas le triomphe de ses disciples : les tribunaux le gardaient comme otage, il était resté à Paris sous les verrous.

Nos voyageurs quittèrent avec regret la seconde ville de France. Un pressentiment

---

[1] A Lyon, Félicien David contracta des amitiés qui lui sont toujours restées fidèles : un de ses anciens admirateurs, M. de Seynes, lui a légué dernièrement un violoncelle de Stradivarius d'un prix inestimable.

leur annonçait qu'ils ne seraient point aussi bien accueillis dans toutes les cités que baigne le Rhône. Plusieurs de leurs collègues devaient les rejoindre aux portes d'Avignon. Ils entrèrent au nombre de huit dans cette ancienne métropole, qui jadis a donné refuge aux pontifes romains, et où la foi catholique reste vivace.

On les reçut avec des clameurs et des huées.

Une population furieuse, armée de couteaux, les entourait en proférant des menaces de mort. Ils crurent sérieusement qu'on se préparait à les égorger.

— Courage! murmurèrent-ils en s'excitant du regard : ici nous attend la palme du martyre!

Et, serrant leur faible cohorte, ils s'avancèrent, quatre de front, au milieu de cette populace furibonde.

Leur fière attitude fit baisser les couteaux; la foule passa de la rage à l'admiration.

Cinq ou six vieux invalides [1], s'approchant et portant la main à leur tricorne, dirent aux apôtres :

— Honneur et salut ! Vous êtes des braves !

On conçoit néanmoins que nos voyageurs ne tenaient pas à séjourner dans cette ville inhospitalière. Le soir même ils se dirigeaient sur Marseille, où d'autres frères de

---

[1] Avignon possédait une succursale des Invalides.

Ménilmontant leur avaient donné rendez-vous.

Ils devaient s'embarquer tous ensemble pour le Bosphore.

Les habitants de Marseille, moins scrupuleux que les anciens sujets des papes, firent aux saint-simoniens des ovations splendides.

Une seconde fois l'admiration du beau sexe pour le talent musical de David mit en péril le vœu du célibat. Les Marseillaises raffolaient, comme les Parisiennes, du grand costume de l'ordre; et nos apôtres étaient trop galants pour rester devant elles en petite tenue, de sorte que Félicien, ayant double prestige aux yeux de ces dames, était naturellement exposé à une tentation double.

Il sut y résister de la façon la plus héroïque.

Ce Renaud de vingt-trois ans s'embarqua pour Constantinople sans être tombé dans les piéges d'aucune Armide.

On salua le départ de l'artiste et de ses amis par une magnifique et dernière ovation.

Tout le peuple de Marseille était sur la rade. Le navire pavoisé livrait au souffle de la brise ses banderoles flottantes, et les saint-simoniens, réunis sur le pont, adressèrent un dernier adieu aux sensibles Marseillaises, dont ils emportaient les cœurs.

Nous allons voir commencer pour notre héros une suite d'aventures qui donnent à son histoire quelque chose d'un conte des *Mille et une Nuits*.

Après une traversée d'un mois, il mouille dans les eaux du Bosphore et voit se dresser devant lui les blancs minarets de Constantinople.

On débarque.

Félicien et ses compagnons se logent dans un faubourg grec appelé *Bechistachi*.

Le soir même ils prennent un drogman et parcourent la ville en grand costume, pour se montrer au peuple turc avant d'organiser la prédication.

Deux jours de suite ils se livrent à ces promenades solennelles, et le troisième jour, qui était un vendredi, ils vont se placer hardiment sur le passage de Mahmoud II, qui se rendait à la grande mosquée, en compagnie d'Achmet-Pacha, son ministre et son favori.

A la vue des saint-simoniens, le sultan s'arrête, les considère avec surprise, et demande au grand vizir :

— Quels sont ces personnages? Sais-tu d'où ils viennent?

— En vérité, non, je l'ignore, répond Achmet-Pacha.

— Comment, pourceau! s'écrie Mahmoud, qui avait l'habitude de s'exprimer en termes d'assez mauvais choix, il arrive des étrangers dans mon empire, et tu ne connais ni leur nom, ni leur origine, ni leurs projets!

— Je vais prendre des informations au plus vite, afin de les communiquer à Votre Hautesse, dit le ministre tremblant.

— Tu devrais déjà les avoir prises, chien maudit! Que cela ne soit pas long, ou demain je fais clouer ta tête aux portes du sérail.

Nous devons dire, pour l'explication de ce qui précède et de ce qui va suivre, que l'empire turc était sérieusement menacé par les Égyptiens. Ibrahim-Pacha, fort de trois victoires, marchait sur Constantinople.

Tous les étrangers étaient suspects.

Nos apôtres ne se doutaient pas de la

nature inquiétante de l'entretien qui venait
d'avoir lieu entre le sultan et son ministre.
Ils continuèrent paisiblement leur prome-
nade jusqu'au coucher du soleil.

Rentrés au faubourg grec, ils étaient en
train de souper sur une terrasse quand
tout à coup un grand bruit d'armes et de
voix retentit aux portes de la maison.

David inquiet se hâte de descendre.

Il ouvre, et se trouve en présence d'Achmet Pacha lui-même, suivi de trente soldats, de cinq à six hauts fonctionnaires
turcs et du drogman des saint-simoniens,
arrêté par ses ordres.

Toutefois le visage du ministre est
calme, son regard n'a rien de menaçant.

Félicien le conduit sur la terrasse où sont réunis ses collègues.

Achmet-Pacha salue les apôtres. Il s'assied, les jambes croisées sur un divan, fait signe aux fonctionnaires de prendre place à ses côtés, demande sa pipe à un esclave, l'allume, puis commence l'interrogatoire.

Émile Barrot prend la parole au nom de tous pour expliquer le saint-simonisme et ses mystères.

Les interprètes rendent son discours, phrase par phrase, au grand vizir, qui s'écrie :

— Bravo! c'est délicieux! vous professez une doctrine parfaite. Le sultan sera ravi d'apprendre que des hommes aussi distingués visitent son empire.

Là-dessus, il offre gracieusement son chibouck à Barrot.

Tous les seigneurs turcs imitent l'exemple du ministre et se livrent avec les saint-simoniens à un échange de pipes on ne peut plus cordial.

— Vous êtes mal logés dans ce faubourg, dit Achmet-Pacha, prenant congé des apôtres. Je vous invite à venir passer quelques jours à mon palais.

Il sort en leur adressant les plus affectueux saluts; mais il a soin de laisser à la porte un piquet de soldats.

— Voilà qui est louche! dit Félicien.

— Bah! firent les autres, c'est une garde d'honneur!

L'illusion ne fut pas de longue durée.

Au lever du soleil, un vacarme indigne les réveille en sursaut. C'est la garde d'honneur qui enfonce la porte et leur signifie brutalement qu'ils sont prisonniers.

On les traîne au palais du grand vizir.

Sous le vestibule, ils aperçoivent leur drogman chargé de fers. Celui-ci leur explique avec terreur qu'il est sous le coup d'une action criminelle, pour n'avoir pas averti la police turque de leur présence à Constantinople.

— Daignez intercéder pour moi, leur dit-il, ou je suis mort!

Tout cela était peu rassurant.

Au bout d'une heure d'attente, on les introduit chez Achmet, qu'ils trouvent beaucoup moins poli que la veille. Il les accueille avec une froideur de triste augure, et leur annonce la pénible nécessité où il se trouve de remettre leur sort entre les mains du séraskier-pacha, son collègue, ministre de la guerre.

Comme Ponce-Pilate, il se lave les mains et se déclare incompétent dans la cause.

Nous ne pouvons pas énumérer ici tous les déboires essuyés par nos pauvres voyageurs.

Le séraskier-pacha les prend pour des espions, et donne l'ordre de les enfermer dans un cachot. Ils s'indignent, se récrient et demandent à être conduits, sans retard, chez l'amiral Roussin.

C'était l'ambassadeur de France. Il logeait, à trois lieues de là, sur le Bosphore.

On embarque nos saint-simoniens dans un caïque[1] du sultan. Ils prennent cela pour un retour éclatant d'estime, et remarquent avec plaisir que les troupes échelonnées sur le rivage leur présentent les armes.

— Vous êtes trop bons, restez en place, leur dit un rameur, qui les voyait se lever pour répondre à cette politesse de l'armée turque : c'est le caïque et non pas vous qu'on salue.

— Ah!... pourquoi nous conduire alors dans un bâtiment de Sa Hautesse?

— Pour indiquer d'une façon plus claire que vous êtes prisonniers d'État.

Les apôtres perdirent un peu contenance

[1] Chaloupe.

et ne rendirent plus le salut aux troupes mahométanes.

Néanmoins ils comptaient sur l'amiral Roussin pour obtenir une prompte mise en liberté. Mais l'ambassadeur était malade.

On leur déclara qu'il ne pouvait donner audience à personne.

Félicien et ses collègues furent ramenés à Constantinople et jetés dans les cachots du sérail, où ils restèrent huit jours. Au bout de ce temps, on vint leur apprendre qu'ils allaient être expulsés du territoire turc.

Le soir même, à la nuit tombante, on les embarque, non plus cette fois sur un caïque de Sa Hautesse, mais sur une méchante coquille de pêcheur, qui fait eau de tous côtés. On leur donne pour nourriture des oignons crus, des olives rances et du vieux biscuit, où les vers grouillent par myriades.

Cinq Turcs, armés jusqu'aux dents, et un pilote maltais montent avec eux dans la barque.

— Où nous conduisez-vous? demandent les saint-simoniens au pilote.

— A Smyrne.

— Combien avons-nous de lieues à faire?

— Quatre ou cinq cents lieues.

Nos apôtres se regardent avec désespoir. Le coup d'œil qu'ils échangent est compris du pilote, qui se met à rire et leur dit :

— Bah ! j'ai fait trois fois, avec cette barque, le voyage d'Égypte. Rassurez-vous, nous arriverons.

Ils arrivèrent effectivement, après sept jours de traversée.

Le biscuit, les olives et les oignons crus constituaient un régime si peu substantiel, que Félicien David, en débarquant à Smyrne, ne pouvait plus se tenir sur ses jambes.

Mais du moins il mettait le pied sur une terre hospitalière.

Quelques jours de repos, une bonne nourriture et la joie de pouvoir en toute liberté lancer des malédictions contre Achmet-Pacha le rétablirent complétement.

A Smyrne, les femmes sont adorables. Une seule chose l'emporte chez elles sur la beauté, c'est la coquetterie.

Félicien David donna des concerts. Son fidèle piano l'avait suivi dans ses excursions.

Du haut d'une terrasse dominant l'une des plus belles promenades de Smyrne, et par ces radieuses soirées d'Orient qui disposent l'âme à l'enthousiasme, il envoya de brillantes symphonies à une population privée jusque-là de jouissances musicales.

Le succès qu'il obtint ne peut se décrire.

Une pluie de bouquets de fleurs tombait sur la terrasse. On escaladait les tertres pour voir de plus près le jeune virtuose.

Alrik, ayant sculpté le médaillon de Félicien, fut obligé de le reproduire à l'infini. Toutes les dames de Smyrne l'achetèrent.

De l'image à l'original, il n'y a souvent, pour la curiosité féminine, qu'une très-courte distance. La vieille histoire du fruit défendu se renouvelle chaque jour, et les filles d'Ève sont aussi rusées que leur mère quand il s'agit de nous y faire mordre. Il est à présumer que David ne poussa pas plus loin que Smyrne l'héroïsme de son vœu de célibat.

La suite de ses aventures confirmera tout à l'heure nos soupçons.

Après trois mois de séjour dans ce pays charmant, la troupe saint-simonienne se dispersa de nouveau. Quelques-uns des prédicateurs gagnèrent la Valachie ; les autres descendirent en Grèce, et Félicien, suivi de deux compagnons seulement, entreprit le voyage de Jérusalem.

Ils firent voile pour Jaffa sur un bâtiment turc encombré de pèlerins de tous les pays.

C'était un pêle-mêle abominable.

Toute cette foule couchait sur le pont, côte à côte, sans distinction de rang, de sexe et d'âge.

Au réveil, il arrivait souvent à ceux

qui avaient le mieux dormi de trouver leur bourse absente, inconvénient fâcheux que David se hâta de prévenir en cherchant un refuge dans la chaloupe.

Cela n'empêcha point deux Arméniens de lui voler son foulard, ainsi qu'un porte-crayon en argent.

On touche au port de Jaffa. Nos pèlerins débarquent. Point d'auberge.

Heureusement le chargé d'affaires de France, *il signor* Damiani, brave Italien dont Lamartine a tracé la silhouette dans son *Voyage en Orient*, offre l'hospitalité au compositeur et à ses amis.

Chez ce digne diplomate, David se trouve tout à coup métamorphosé en médecin.

Le fils du consul est attaqué d'une fièvre maligne qu'aucun remède n'a pu guérir. Entendant Félicien chanter au piano, le malade tombe dans une sorte d'extase, au bout de laquelle la fièvre le quitte pendant quelques heures.

Il signor Damiani crie au prodige et supplie David de soumettre son héritier à un traitement musical complet.

Rien de plus simple. Le jeune compositeur tente la cure.

Aux sons du piano les extases reviennent, suivies d'une diminution très-marquée de la fièvre. Dès qu'elle menace de reparaître, on la chasse par un brillant prélude, et, moins d'une semaine après, le malade jouit d'une santé merveilleuse.

Nous signalons ce fait à messieurs de la Faculté de médecine.

Traiter les gens par la musique serait un excellent moyen de mettre d'accord nos savants docteurs et d'apporter quelque harmonie dans leurs systèmes, infiniment trop contradictoires.

Une maladie de poitrine se guérirait peut-être par trois jours de cornet à piston.

Rien ne prouve qu'une névralgie doive résister à une heure de contre-basse, et l'attaque de choléra la plus violente céderait, nous n'en doutons pas, à vingt minutes d'ophicléide.

Qui vivra verra.

David, après avoir visité le saint sépulcre, se rendit par mer à Alexandrie.

Chaque fois qu'il séjournait quelque part, il avait soin de consigner sur son album toutes les improvisations musicales que lui inspirait la riche et splendide nature de l'Orient. Il doit à son voyage ce cachet précieux d'originalité qui distingue ses œuvres de celles de ses confrères. Félicien David, si nous pouvons nous exprimer de la sorte, est le coloriste de la musique. Il a trouvé moyen d'appliquer la peinture aux sons; l'image accompagne ses accords, chacune de ses notes fait tableau.

En quittant Alexandrie, il se dirigea vers le Caire, où son talent plongea dans l'admiration le vieux Méhémet-Ali. On vint demander au virtuose français s'il consentirait à donner des leçons aux épouses sacrées du pacha.

— Comment donc ! avec infiniment de plaisir ! s'écria Félicien, dont le visage rayonna d'espoir.

Il se voyait déjà dans le harem, entouré d'almées favorites, d'odalisques rêveuses et de Circassiennes aux charmes vainqueurs.

La preuve que nous avons annoncée devient palpable.

Au milieu des chaudes séductions orientales, il fallait être un peu plus qu'un ange pour observer des promesses religieuses faites à la légère sur la froide colline de Ménilmontant.

— Eh bien, disait David aux officiers de Méhémet-Ali, quand dois-je commencer mes leçons? Le temps est précieux. Je n'ai pas le projet de séjourner indéfiniment en Égypte.

Or, notre héros apportait dans cette affaire un peu trop d'ardeur.

Le pacha eut des doutes.

Il imagina une mesure efficace pour empêcher ce jeune homme de chanter à ses épouses des gammes dangereuses.

— Quand il vous plaira d'être conduit au harem, dirent les officiers à l'artiste, nous sommes à vos ordres.

Félicien se hâta de les suivre.

Bientôt on le mit en présence de cinq eunuques, en lui déclarant que ceux-ci recevraient les leçons et les transmettraient ensuite aux femmes de Son Altesse.

Notre héros, à cette étrange manière d'arranger les choses, se fâcha tout rouge.

—Allez au diable! cria-t-il. On n'arrive à rien de bon avec un tel système. Je fais des élèves directement, ou je n'en fais pas!

Tout fut rompu.

Les épouses du pacha gardèrent leur ignorance en musique, et la sainteté du harem ne fut point violée.

David se consola de ce désappointement en allant voir les pyramides. Il traversa Memphis et gagna le rivage de la mer Rouge; mais il y rencontra la peste et fut obligé de prendre la route du désert pour aller s'embarquer à Beyrouth.

C'est aux impressions de ce voyage plein d'accidents étranges, de rencontres saisissantes et de périls sans nombre[1], que l'art doit la magnifique création qui a porté d'un seul coup Félicien David au premier rang de nos compositeurs.

Après une longue et pénible traversée, l'ancien élève de la maîtrise d'Aix revit Marseille et la France.

Son voyage avait duré trois ans.

---

[1] Il fut attaqué, un soir, par toute une horde de maraudeurs arabes, qui entourèrent une vieille masure dans laquelle il s'était endormi. Un jeune domestique bédouin, couché en travers sur le seuil, le sauva par son sang-froid. Il parlementa, sans se lever, avec les Arabes, et leur dit : « C'est un artiste d'Europe, un va-nu-pieds ; j'ai voulu le voler cent fois, et j'ai toujours trouvé sa poche vide. » Félicien, le pistolet au poing, écoutait derrière la porte cet étrange dialogue. Les Arabes remontèrent à cheval et s'éloignèrent.

» Reçu dans son pays natal avec enthousiasme, il s'y reposa quelques semaines dans les joies de famille et prit ensuite le chemin de Paris, où le rappelaient ses plus chères espérances, tous ses rêves de gloire.

Ici commence une lutte périlleuse entre l'artiste, déjà connu par ses chœurs de Ménilmontant, et les maîtres harmonistes jaloux de leurs priviléges.

David arrivait à une époque où le goût public lui donnait tort.

Les effets d'orchestre, de science et de modulations triomphaient de la mélodie pure. On aimait la musique ouvragée. Toutes les tentatives d'un autre genre n'obtenaient aucun succès, témoin la *Fa-*

vorite, qui eut besoin de trente représentations pour se faire comprendre.

Notre jeune compositeur ne se dissimulait pas toutes les difficultés de sa tâche.

Bercé par les symphonies de Beethoven, mais obéissant à l'inspiration mélodique et vocale des artistes méridionaux, il essaya d'opérer une fusion entre l'école allemande et l'école italienne, tout en conservant à sa musique le cachet d'originalité qui la distingue.

On jeta les hauts cris, on le traita d'hérésiarque, on essaya de lui fermer le temple de l'art.

Seul contre tous, David accepta la lutte et ne perdit pas un seul instant courage.

De 1835 à 1840, il composa une première symphonie en *fa,* une seconde en *mi* naturel, vingt-quatre *quintetti*, et deux *nonetti* pour instruments de cuivre, douze mélodies pour violon et piano, et plus de trente romances, parmi lesquelles on peut citer le *Chibouck,* l'*Égyptienne,* le *Bédouin,* le *Jour des morts* et l'*Ange rebelle.*

Tout ce bagage, exclusivement mélodique, augmenta les clameurs.

Aucun théâtre ne voulut lui prêter de musiciens pour exécuter ses odes-symphonies, où, grâce à un programme poétique, appuyé par des tenues d'orchestre, il était parvenu à étendre le domaine de la description musicale.

Enfin l'ouverture du concert Valentino

lui permit une première révélation de son talent[1].

Encouragé par l'accueil du public, il se remit au travail; deux mois lui suffirent pour composer la symphonie en *mi bémol* et vingt nouvelles romances, dont les principales sont : les *Adieux à Charence*[2], le *Rhin allemand*, l'*Oubli*, la *Rêverie*, la *Pensée*, l'*Océan* et les *Hirondelles*.

Toutes ces productions, lancées au hasard pour entretenir une popularité naissante, donnaient toutefois assez de ressources au jeune artiste pour l'aider à compléter l'œuvre sur laquelle il espérait

---

[1] Dans la même saison, et à huit reprises différentes, on applaudit à Valentino la symphonie en *fa*. Le *nonetto* pour instruments de cuivre y fut également joué avec succès.

[2] Petite ville des Basses-Alpes.

définitivement établir les bases de sa renommée.

Un littérateur obscur, qui depuis ne s'est plus essayé dans aucun ouvrage lyrique, composa un livret scrupuleusement conforme aux indications de Félicien David.

Il y avait huit ans bientôt que l'artiste était revenu de son voyage. Aucune de ses impressions ne s'était effacée. Les tableaux grandioses qui avaient frappé ses regards se représentaient fidèlement à son souvenir, et les brises orientales lui envoyaient leurs parfums au travers des espaces.

Du mois de décembre 1843 au mois de mai 1844, il écrivit toute la partition du *Désert*.

Pauvre et sans crédit, Félicien copia lui-même, à mesure, toute l'orchestration de son œuvre, ainsi que les parties de chant, c'est-à-dire plus de deux mille pages de musique.

Cette énorme besogne terminée, il restait encore des obstacles à vaincre.

Pour l'exécution d'une symphonie si importante, l'auteur demandait la salle du Conservatoire; il l'obtint avec beaucoup de peine.

Un autre obstacle consistait à trouver des exécutants de mérite.

Heureusement il y a dans les arts une fraternité sincère. Deux chefs d'orchestre, MM. Tariot et Tilmant, vinrent en aide à Félicien David. On lui procura le nombre de musiciens voulu, et le concert fut affiché pour le 1ᵉʳ décembre 1844.

Hélas! notre héros n'était pas au bout de ses tribulations.

Par une erreur administrative, la salle avait été promise, le même jour, à deux compositeurs. Il fallut que le plus jeune cédât la place à l'autre. La partition du *Roi de Juda*, de M. Georges Kastner, renvoya celle du *Désert* au 8 décembre.

Enfin, le jour solennel arrive.

Les musiciens accordent leurs instruments; une foule impatiente d'auditeurs se presse dans les amphithéâtres. On va donner le signal à l'orchestre, quand tout à coup, Félicien s'aperçoit qu'un artiste dramatique, chargé de lire les strophes intercalées dans l'œuvre, manque à son poste.

On le cherche, on l'appelle, on court d'un bout du Conservatoire à l'autre. Personne !

Tout va manquer encore, quand un jeune acteur de l'Odéon se présente, et s'offre à tenir la partie de déclamation.

C'est M. Milon-Thibaudeau.

Pour la seule fois de sa vie, peut-être, il aida véritablement une affaire au lieu de lui servir d'entrave[1].

Nous ne rappellerons pas ici le gigan-

---

[1] Il a depuis administré sans aucun succès les *Variétés*, et tout récemment le *Vaudeville*. Choisi un jour, nous ne savons par quel financier, pour diriger l'Opéra, il remplit ce haut emploi pendant vingt-quatre heures.

tesque effet de la musique de Félicien David sur son auditoire. Il faut relire tous les journaux de l'époque pour s'en faire une idée bien exacte. Le nom de l'artiste courut d'un bout de l'Europe à l'autre, comme porté sur un fil électrique.

Si le *Désert* n'est pas l'œuvre la plus sublime de David, il est, sans contredit, son inspiration la plus heureuse.

Le début, détail grandiose d'imitation pittoresque, peint en musique l'immensité, l'immobilité, le silence. Une note, une seule note sur laquelle passent quelques lambeaux d'accord, tient toute la période.

Vient ensuite le lever du soleil, autre effet d'imitation dont les difficultés sont vaincues avec un art merveilleux.

On voit en quelque sorte jaillir çà et là de petits trilles phosphorescents qui chassent peu à peu les ombres ; ils se multiplient, grandissent avec l'aube, deviennent à chaque seconde plus lumineux et plus sonores ; puis tout à coup l'orchestre éclate en un foyer resplendissant, et l'astre monte dans les cieux.

Félicien David a trouvé le moyen de changer les notes en rayons.

Il faudrait un volume pour décrire toutes les beautés de l'*Hymne à la nuit*, de la *Marche de la caravane*, de la *Danse des Almées*, du *Simoun* et du *Chant du Muezzin*, épisodes gracieux ou terribles de ce grand poëme.

On peut envisager l'œuvre sous le triple point de vue de la musique descriptive, du mouvement humain et de la peinture orientale.

Ces trois faces sont sculptées avec une étude profonde.

Autour des artistes, à l'heure du succès, viennent s'abattre certains oiseaux de proie d'une espèce toute particulière. Ce qu'ils aiment à dévorer sur le champ de bataille, ce n'est pas le vaincu, c'est le vainqueur. Ils profitent du moment où la gloire l'enivre ; ils lui arrachent sa conquête et l'emportent entre leurs serres dans le ténébreux nuage de l'exploitation.

L'artiste est tout surpris, le lendemain du triomphe, de se trouver aussi pauvre que la veille.

En sortant du Conservatoire, Félicien David signa aux frères Escudier le traité le plus ridicule du monde. Il aliéna d'un trait de plume sa propriété musicale, et la vendit pour une somme de douze cents francs, une fois payée.

Or chacun des concerts donnés à la salle Ventadour rapporta de douze à quinze mille francs.

Et voilà comme un artiste entend ses intérêts !

Il est vrai que, du jour où le calcul nous entre dans la tête, nous ne sommes plus artistes.

Tous les amis de Félicien se récrièrent. On le poussa, malgré lui, à recourir aux tribunaux. Les frères Escudier eurent hâte d'arranger la chose : ils offrirent *cinq cents francs* par concert à l'auteur du chef-d'œuvre, à condition qu'*il se montrerait dans la salle.*

Nous n'avons ici qu'à souligner, sans essayer le moindre commentaire.

Cet inqualifiable traité laissait à David le droit d'exploiter son œuvre à Lyon, à Marseille et dans les villes allemandes. Il aima beaucoup mieux profiter de cette clause que de passer à l'état de phénomène sur un champ de foire.

Il se rendit d'abord en Allemagne et visita Dresde et Leipsick.

A Berlin il trouva Meyerbeer, qui l'accueillit en fin diplomate et voulut le présenter lui-même à la cour. Le roi de Prusse, la reine et la princesse royale prodiguèrent à David les marques les plus précieuses d'estime et de bienveillance.

Si l'espace nous permettait de reproduire ce voyage dans tous ses détails, il serait aussi curieux que l'excursion de l'artiste en Orient.

L'illustre phryné qui a nom Lola-Montès, entendant exécuter le *Désert* à Bade[1], s'éprit d'un fol enthousiasme pour le mélodieux auteur de la symphonie. A chaque concert, elle brisait, pour l'applaudir, un riche éventail; et sa noire prunelle dardait des rayons magnétiques qui eussent amené

---

[1] Dans le grand salon de l'établissement thermal. M. Benazet, directeur des bains et fermier des jeux, dépensa des sommes considérables pour l'exécution de l'œuvre de David.

Félicien à ses genoux, s'il n'avait pas été distrait par les applaudissements et la gloire.

Il ne poussait pas, du reste, l'observance des maximes saint-simoniennes jusqu'à se croire obligé de cueillir une rose effeuillée par tous les vents de la passion.

Mademoiselle Lola-Montès le suivit partout, à Francfort, à Carlsruhe, à Munich, cassant en vain d'autres éventails, et ne comprenant pas le peu de sympathie de l'ex-apôtre pour la femme libre.

Enfin elle suspendit la poursuite en Bavière.

Là, pour se venger des dédains de David, elle tourna la tête au vieux roi Luiji, qui osa placer sur un front de courtisane la couronne de comtesse.

Ce voyage de Félicien fut une perpétuelle ovation. L'Allemagne le dédommagea de l'avidité des éditeurs français. Un de ses compatriotes, M. Sylvain Saint-Étienne, l'accompagnait de ville en ville et surveillait la caisse [1].

David avait commencé le *Moïse* à Bade. Il travaillait à cette œuvre nouvelle dans ses promenades, en chemin de fer, partout.

---

[1] Le dévouement de M. Sylvain Saint-Étienne pour Félicien David est connu. C'est toujours un bonheur pour l'artiste quand il trouve un ami qui soigne ses intérêts et sa gloire. M. Sylvain Saint-Étienne a écrit le livret de *Moïse*; il est en outre collaborateur de MM. Méry et Charles Chaubet pour le *Christophe Colomb*, et de M. Gabriel pour la *Perle du Brésil*.

Quand il revint à Paris, au bout d'un an, la partition était écrite.

Nous l'avons dit plus haut, le *Désert* n'est peut-être pas l'ouvrage le plus sublime de Félicien David. Son *Moïse*, comme magnificence, comme pompe et comme majesté, monte à des élévations prestigieuses. Nous n'avons jamais rien entendu de plus imposant et de plus solennel que la *Marche des Hébreux :*

Franchissons les torrents, gravissons les montagnes ;
Nous verrons devant nous ces divines campagnes
Où coulent le lait et le miel.

L'explosion du finale, *O roi du monde !* quand les fils d'Israël aperçoivent enfin la terre promise, est d'une puissance que Meyerbeer, le plus énergique de nos vieux maîtres, a rarement pu atteindre.

Et pourtant le *Moïse* n'obtint qu'un succès douteux.

Les coteries avaient eu le temps de s'organiser et de s'entendre. On éprouvait le besoin de faire expier à David son éclatant triomphe; on le rendit victime de ces mille rancunes sourdes que les coups d'éclat font toujours naître.

Du reste, il faut le dire, le public un peu léger qui fréquente les concerts ne se trouve que très-rarement par la foi religieuse à la hauteur de pareils sujets. Quand le *Moïse* a été joué devant une foule intelligente, en présence d'une assemblée d'élite, il a toujours été accueilli comme il doit l'être[1].

---

[1] Le duc de Montpensier demanda, le 16 décembre 1847, l'exécution du *Moïse* au Conservatoire.

Comprenant qu'il est nécessaire à un
artiste, dans l'intérêt même de la gloire à
venir, de mettre de son côté les masses en
cherchant à leur être sympathique, David
revint à l'ode-symphonie, qu'il avait créée.
Le sujet sur lequel il arrêta son choix fut
Christophe Colomb.

Une seconde fois la salle du Conservatoire
prêta ses échos au plus beau triomphe que
jamais artiste vivant puisse obtenir.

Le *Désert* était une inspiration vague,
indéterminée, quelque chose qui ressemblait à un rêve. Dans *Christophe Colomb*,
au contraire, la réalité de l'action se révèle
tout d'abord. Le compositeur tient une
corde dramatique et la fait vibrer avec
énergie. Pendant tout le cours de l'œuvre,

l'intérêt s'attache au héros de la découverte ; on le suit d'un bout à l'autre de son épopée glorieuse, et la musique en rend toutes les phases avec une vérité saisissante.

Rappelez-vous cette délicieuse peinture par les sons d'une nuit sous les tropiques.

Le vaisseau glisse sur la vague. Un léger souffle berce doucement les voiles. Tout dort au ciel et sur les eaux.

Soudain, au milieu du silence et de la majesté de la nuit, une voix éclate, joyeuse et limpide.

C'est un mousse qui chante en haut de la grande vergue.

Et l'arrivée du navire, quel effet prodigieux !

La salle tout entière se leva comme un seul homme. Elle avait reçu la secousse électrique du génie. Pendant douze minutes, l'orchestre fut obligé de se taire pour laisser passer l'orage des bravos.

Au sujet de la symphonie de *Christophe Colomb*, on vit se trahir les inimitiés secrètes qui poursuivaient le jeune compositeur. Le 7 mars, jour où devait avoir lieu à l'Opéra-Comique la seconde audition de la symphonie, Vatel, directeur des Bouffes, empêcha ses artistes de prêter leur concours à David, et cela juste à l'heure où devait commencer l'exécution. Le duc de Montpensier, qui attendait comme tous les auditeurs, fut obligé de se retirer après une vaine attente.

Indigné de ce tour odieux, M. Basset, alors à la tête de l'Opéra-Comique, offrit à Félicien son orchestre et sa troupe.

Sept concerts successifs eurent lieu.

Le 28 mars, à la demande expresse de la cour, on joua le *Christophe Colomb* aux Tuileries, et Louis-Philippe, appelant l'auteur dans sa loge, lui attacha sur la poitrine la croix de la Légion d'honneur.

En vain les frères Escudier se mirent, cette fois, à l'affût pour tendre leurs réseaux sous les pas de David. Il ne signa rien, repoussa tous les papiers timbrés comme s'ils eussent dû lui donner la peste, et garda les profits de son œuvre[1].

---

[1] A cette époque, il voyagea dans le midi de la France. Lyon et Marseille lui firent le plus glorieux

L'*Éden* suivit de près *Christophe Colomb*.

On joua ce mystère en deux parties[1] à l'Opéra au milieu de toutes les inquiétudes causées par la Révolution de 1848. Plutôt que d'écouter le *Chant des roses*, l'*Hymne au soleil* et la *Cavatine d'Ève*, les spectateurs lisaient la *Patrie*.

M. Delamarre et sa prose politique eurent, ce soir-là, beaucoup plus de succès que les mélodies de Félicien David.

On ne songea sérieusement à écouter

---

accueil. Les frères Escudier se vengèrent par des attaques indécentes contre David, oubliant que la *France musicale*, dont ils sont rédacteurs, l'avait porté aux nues.

[1] Tel est le titre donné à cette composition. Méry est l'auteur des paroles.

l'œuvre que le jour où la garde nationale fut consolée de la perte des bonnets à poil, et où la main fatiguée de madame Sand cessa d'écrire les circulaires de Ledru-Rollin.

Les lettres et les arts gardent à cette charmante époque une vive et profonde reconnaissance.

Félicien David, un peu découragé, fut quatre ans sans rien produire.

Enfin le succès de la *Perle du Brésil* au Théâtre-Lyrique donna un démenti formel aux faux prophètes qui jugeaient convenable de crier partout que l'auteur du *Désert* et de *Christophe Colomb* n'était pas taillé pour la scène.

Jamais, n'en déplaise à M. Roqueplan, niaiserie plus sotte et plus extravagante n'a été soutenue. On la répète sans cesse, afin d'éloigner de l'Opéra Félicien David.

Eh bien, l'heure est venue de crier à l'imposture et au mensonge.

Le musicien qui, sans appeler à son aide ni le jeu des acteurs ni la magie des décors, tient tout un auditoire suspendu à son archet; le symphoniste dont les inspirations, dégagées d'éléments étrangers, remuent, transportent, électrisent une salle, celui-là est fort, celui-là est puissant, celui-là est un maître.

Que Meyerbeer donne sa musique seule, en l'absence des pompes de l'Opéra, des ballets et des danses; qu'il se laisse (passez-nous l'expression) juger tout nu, comme Félicien David, et l'on verra !

Votre musique, messeigneurs, est une Vénus trop pudibonde ou trop défiante de ses charmes. Elle a besoin d'atours, elle passe au magasin de modes avant d'aller chez Phidias.

Et parce que la nôtre soutient intrépidement le coup d'œil de l'art plastique, vous déclarez qu'elle serait laide avec des parures !

Allons donc !

Quand Félicien David n'aura plus à vaincre les obstacles que vous dressez systématiquement sur sa route, il saura cueillir

de glorieuses palmes à côté des Meyerbeer
et des Rossini.

L'Opéra n'est pas une boutique, c'est un
temple.

Ouvrez les portes, monsieur Roqueplan,
sinon Félicien David les enfoncera!

Vous n'avez pas le droit, sachez-le bien,
de brider le génie et de lui fermer la lice.

Or, l'œuvre de notre héros est prête;
elle a toutes les conditions exigées par le
drame lyrique; son titre est la *Fin du
Monde*; toute la partition peut, dès aujour-
d'hui, se distribuer aux pupitres de votre orchestre.

Nous n'en ferons pas l'éloge d'avance,
c'est au public à juger.

Certes, il n'y a rien de plus déplorable, pour la carrière d'un artiste, que ces entraves inintelligentes, ces entêtements aveugles, — nous n'osons pas dire ces injustices volontaires, — qui viennent l'arrêter dans sa marche.

Félicien David est timide comme une jeune fille; l'intrigue ne sympathise pas avec sa nature. Il se serait laissé vingt fois écraser déjà, si ses amis ne lui eussent crié : Gare! Jamais il ne va dans le monde; et par conséquent il ne peut se défendre contre les insinuations perfides de ses ennemis. La solitude est sa passion la plus chère; elle est la fidèle compagne de son talent.

Retiré dans son petit ermitage de la rue

Larochefoucauld, il y vit, comme autrefois il vivait à Ménilmontant, avec des oiseaux et des fleurs.

Il écoute chanter ses bengalis roses et bleus, qu'il fait nicher dans une volière immense; il saisit au passage les roulades de leur gosier flexible et note leurs douces chansons d'amours.

Sa vie est modeste, simple, uniforme. Le travail est son unique bonheur.

Mais il ne faut pas que ce travail soit stérile. A l'horizon des arts, il n'est pas permis d'intercepter le soleil et d'empêcher une œuvre d'éclore.

Retenez bien cela, monsieur Roqueplan,

Nous vous conseillons, à vous qui aimez la raillerie, de ne jamais prononcer l'adage connu : « Après nous la *Fin du monde!* » Cela vous porterait malheur.

NOTE SUR L'AUTOGRAPHE.

Un graveur de musique nous a communiqué ce précieux spécimen de note écrite et signée par Félicien David. Ce sont les premières mesures du *Chant du Mysoli* dans la *Perle du Brésil*. Nous obtiendrons de la même source un autographe semblable pour la biographie de Meyerbeer et pour celle de Rossini.

www.ingramcontent.com/pod-product-compliance
Lightning Source LLC
LaVergne TN
LVHW050634090426
835512LV00007B/849